# 走遍世界
# 很简单

ZOUBIAN SHIJIE HENJIANDAN

## 芬兰大探秘

FENLAN DATANMI

知识达人 编著

成都地图出版社

图书在版编目（CIP）数据

芬兰大探秘/知识达人编著.—成都:成都地图
出版社,2017.1（2021.10 重印）
（走遍世界很简单）
ISBN 978-7-5557-0269-6

Ⅰ.①芬… Ⅱ.①知… Ⅲ.①芬兰—概况 Ⅳ.
① K953.1

中国版本图书馆 CIP 数据核字 (2016) 第 079841 号

**走遍世界很简单——芬兰大探秘**

**责任编辑:** 魏小奎
**封面设计:** 纸上魔方

**出版发行:** 成都地图出版社
**地　　址:** 成都市龙泉驿区建设路 2 号
**邮政编码:** 610100
**电　　话:** 028 - 84884826（营销部）
**传　　真:** 028 - 84884820

**印　　刷** 唐山富达印务有限公司
（如发现印装质量问题，影响阅读，请与印刷厂商联系调换）

| | | | |
|---|---|---|---|
| **开　本:** 710mm × 1000mm　1/16 | | | |
| **印　张:** 8 | | **字　数:** 160 千字 | |
| **版　次:** 2017 年 1 月第 1 版 | | **印　次:** 2021 年 10 月第 4 次印刷 | |
| **书　号:** ISBN 978-7-5557-0269-6 | | | |
| **定　价:** 38.00 元 | | | |

# 前　言

　　美丽的大千世界带给我们无限精彩的同时，也让我们产生很多疑问：世界上到底有多少个国家？美国到底在什么地方？为什么奥地利有那么多知名的音乐家？为什么丹麦被称为"童话之乡"？……相信这些问题经常会萦绕在小读者的脑海中。

　　为了解答这些问题，我们精心编写了这套《走遍世界很简单》系列丛书，里面包含了世界各国丰富的自然、地理、历史以及人文等社会科学知识，充满了趣味性和可读性，力求让小读者掌握最全面、最准确的知识。

　　本系列丛书人物对话生动有趣，文字浅显易懂，并配有精美的插图，是一套能开拓孩子视野、帮助孩子增长知识的丛书。现在，就让我们打开这套丛书，开始奇妙的环球旅行吧！

**路易斯大叔**

美国人，是位不折不扣的旅行家、探险家和地理学家，足迹遍布全世界。

**多多**

10岁的美国男孩，聪明、活泼好动、古灵精怪，对一切事物都充满好奇。

**米娜**

10岁的中国女孩，爸爸是美国人，妈妈是中国人，从小生活在中国，文静可爱，梦想多多。

# 目　录

# 目  录

"米娜，你怎么了？"多多蹦蹦跳跳地跑进房间，看见米娜正趴在书桌上，单手支着下巴发呆。

"嗨，你看，我今天和路易斯大叔逛超市，买了一棵好大的圣诞树呢！快来，咱们一起装饰圣诞树！"多多兴奋地拉起米娜。

"哎呀，没意思！特没意思！"米娜甩脱多多的手，回到原地继续发呆。

多多挠挠头，无奈地耸耸肩。这时，一直站在门口的路易斯大叔

走过来，拍了拍米娜的肩膀："米娜，是不是觉得很无聊呢？"

"对，对！"米娜听到路易斯大叔这样说，像找到知音似的拼命点着头，"路易斯大叔，我就是这个感觉，每一年的圣诞节，除了装饰圣诞树，就是吃苹果、收礼物、逛儿童乐园，没有一点儿新鲜的，无聊透了！"

"呵呵，那我们今年来点儿新鲜的，好不好？"路易斯大叔笑着说。

"新鲜的？"多多和米娜一下子来了兴趣。

"对，我们去芬兰，去圣诞老人的故乡过圣诞节！"路易斯大叔宣布。

"圣诞老人还有故乡？"多多和米娜面面相觑，"圣诞老人不是从天上来的吗？"

"唔……这个嘛，"路易斯大叔挑了挑眉毛，"圣诞老人不但有故乡，还有办公室呢。他住的地方叫作圣诞老人村，这个村子呢，就坐落在芬兰共和国的罗瓦涅米。"

"那我们还等什么？赶快出发吧！"多多高兴地挥动双手。

米娜也兴奋得双眼亮晶晶，搬出地球仪找了起来。

"找到了，在这里！"米娜转动地球仪的手停下来，多多也凑了过来。

"芬兰位于欧洲北部，南临芬兰湾，西临波的尼亚湾，与俄罗斯、挪威、瑞典接壤。"路易斯大叔弯下腰，在孩子们身后讲解着。

"看起来好小哦。"孩子们有点儿失望。地球仪上，芬兰共和国的版图纤细玲珑，像一只长长的布袋，与东边幅员辽阔的俄罗斯形成

了鲜明对比。

"小？孩子们，可不要小看芬兰，那里好玩的东西可不少哦！"路易斯大叔笑着说。

北京时间中午十一点半，路易斯大叔带着孩子们坐上了飞往芬兰首都赫尔辛基的航班。

"路易斯大叔，我们到达芬兰是当地时间下午两点半，可为什么广播上说要飞行20个小时呢？应该是26个小时才对呀？"米娜听完飞机上的广播，疑惑地问。

"哈哈，小迷糊，你忘了还有'时差'这回事了吧？"没等路易斯大叔回答，多多先笑了起来。

"对呀，我怎么忘了呢！"米娜不好意思地小声嘟囔。

"呵呵，芬兰的时间比北京要晚6个小时，现在的芬兰已经是傍晚五点了。"路易斯大叔一边翻看杂志一边笑着说。

"醒醒，醒醒，我的小猴子们，芬兰到了。"路易斯大叔轻轻推动多多和米娜。两个孩子蜷缩着身子，互相依偎着睡着了，米娜红扑扑的脸蛋上还挂着甜甜的微笑，似乎正做着美梦。

　　"我们到了吗？"米娜伸了个懒腰，睁开眼睛。多多也揉着眼睛站了起来："哇，怎么只剩下我们三个人了？！"

　　此时机舱里的座位都空了，只有一位空乘小姐正站在舱门边，微笑着等待他们。

　　多多和米娜冲空乘小姐歉意地笑笑，怀着激动的心情，跟随路易斯大叔走出舱门。

　　芬兰，我们来了！

## 第1章

# 太阳公公爱睡觉

　　"好美！"走出赫尔辛基的万塔机场，米娜深深吸了一口清凉的空气，伸开双臂大声赞叹着。机场四周很空旷，极目远望，山峦若隐若现，一排排苍郁的绿树点缀其下，大大的太阳斜挂在灰蓝的天幕边，阳光是柔柔的暗黄，并不耀眼。

　　"芬兰的自然环境可是世界一流哦。"路易斯大叔告诉孩子们，"芬兰的地势北高南低，内陆水域面积占全国面积的10%，全国共有187 000多个湖泊和179 000多个岛屿，所以，芬兰又有'千湖之国'和'千岛之国'的美誉。

"除了湖泊以外，芬兰全国覆盖着大片森林，有很大一部分是没有开垦过的原始森林和荒原，加上芬兰人十分注重保护大自然，芬兰的空气质量和生态质量在全球处于领先水平。"

"哇！"多多惊叹着，做了一个深呼吸，一本正经地说："嗯，味道好极了！"

路易斯大叔和米娜被多多顽皮的样子逗笑了。

酒店的房间里，孩子们放下行李，匆匆用清水冲了把脸，拉着路易斯大叔就往门外走。

"叔叔，我们去看圣诞老人吧。"多多很兴奋。

"圣诞老人？不，不，"路易斯大叔扭开房间的电灯开关，转身坐进沙发，笑着摆摆手，"圣诞老人在芬兰北部的罗瓦涅米，而我们现在正在赫尔辛基，芬兰的首都。"

"啊？"米娜有点失望。

"我们去和圣诞老人一起过圣诞节，不是更有意义吗？赫尔辛基是个很有趣的地方，你们不想看看吗？"路易斯大叔说着，舒服地靠在沙发上。

"好哇，那我们快去看看吧！"米娜的情绪又高涨起来。可路易斯大叔依然一动不动，丝毫没有起身的打算。

"路易斯大叔，快走呀！"看到路易斯大叔悠闲的样子，多多非常不理解，拉着路易斯大叔的手一个劲儿地摇晃。

"孩子们，你们看看窗外。"路易斯大叔似乎没看见多多着急的样子，笑吟吟地说。

"窗外？"多多和米娜不约而同地跑到窗前，迫不及待地掀开窗帘。

"咦，天怎么黑了？"多多揉揉眼睛，难以置信地看着窗外。

米娜低头盯着手腕上的手表，为了适应芬兰时差，她在飞机上把

表调成了芬兰时间。"三点四十分？"米娜不可思议地惊叫，"我一定没有把时间调过来，没错，我没有调好时间！"

这时，路易斯大叔哈哈大笑着走到孩子们身边，双手分别搭在多多和米娜的肩膀上说："米娜，你的表没有错，现在确实是下午三点四十分。多多，你也没有看错，天黑了，不适合出去游玩了。"

"这究竟是怎么一回事啊？"多多和米娜异口同声地问，他们觉得自己彻底糊涂了。

"这要从芬兰的地理位置说起。"路易斯大叔清了清嗓子，又回到沙发上坐好，这一次，沙发两侧多了两只好奇的小猴子——多多和米娜。

"芬兰处于地球的北纬60度到70度之间，全国有四分之一的地区都在北极圈内，夏季的6、7月份，日照时间非常长，比如位于芬兰南部的赫尔辛基，最短的夜晚只有4个小时；到了中部的奥卢，夜晚竟缩短为2个小时。"

"而在芬兰最北部的乌茨约基，太阳不知疲倦地挂在天空长达两个多月，丝毫见不到黑夜的影子，这种自然奇观被人们称为'午夜太阳'。"

"哇——"孩子们听得入了神。

"喏，那现在你们谁能说一说，为什么下午三点四十分，赫尔辛基就已经是黑夜了呢？"路易斯大叔突然停止讲述，看着多多和米娜问道。

"我们？"多多和米娜相互看了一眼，皱起眉毛，努力消化着路易斯大叔刚才的话，思索起来。

"啊，我知道了！"多多率先开口，"同夏季正好相反，芬兰的冬季日照时间非常短，一天中的大部分时间是黑夜，白天只有四五个小时，下午三点四十分就已经是夜晚了。"

　　"对，正是如此。"路易斯大叔赞许地点点头，"在这个月份，赫尔辛基的太阳要到早晨九点多才出来呢！"

　　"我也知道了！"米娜举起手，"现在，芬兰的北部，从早到晚都是黑夜，一点儿也看不到太阳！夏天，太阳公公很少休息，它非常非常累，所以，它要在冬天好好睡一觉！"

　　"太棒了，我的小公主！"路易斯大叔情不自禁地鼓起掌，看到孩子们能够举一反三，他感到又欣慰又高兴。

# 极昼和极夜

　　在芬兰北部地区，夏季和冬季分别有两个月是完全的白天和完全的夜晚，这种现象，被称为极昼和极夜。

　　极昼又称为白夜，因为太阳永不落下；极夜则正好相反，因为太阳永远不出来，天空总是黑的。极昼和极夜是地球北极圈、南极圈内特有的自然现象。

　　地球在自转时，地轴与它的垂直线形成一个约23.5度的倾斜角。在自转的同时，地球还沿椭圆形轨道围绕太阳公转，因此，全年有六个月的时间，地球南北两极之中总有一极朝着太阳，全是白天；而另一极完全与之相反，背着太阳，全是黑夜。

# 第2章

# 会唱歌的西贝柳斯公园

"天还没亮呢，我们要去哪里？"米娜问。上午八点，路易斯大叔带着多多和米娜走出酒店，街道上灯火通明，冬天的赫尔辛基，并未因为阳光的失约而沉静，依旧热闹非凡。

"赫尔辛基有很多好玩的地方，我们先去西贝柳斯公园等待日出吧。"路易斯大叔说。

多多好奇地问："这个公园为什么叫作西贝柳斯呢？这似乎是一个人名呢！"跟着路易斯大叔走的地方多了，多多对有纪念意义的事物非常感兴趣。

　　"多多猜得没错，"路易斯大叔看着多多和米娜期待的眼神，笑着讲述起来，"西贝柳斯公园位于赫尔辛基市区，这里曾是芬兰作曲家西贝柳斯的故居。西贝柳斯全名让·西贝柳斯，一生创作了100多部作品，他的作品充满了浓厚的民族特色，凝聚着炽热的爱国主义感情，为芬兰音乐开创了一个全新的时代。西贝柳斯被公认为19世纪民族派浪漫主义音乐最后的代表人物。"

　　"西贝柳斯最著名的作品是世界名曲《芬兰颂》，旋律悲壮，激情澎湃，充满着必胜的信念，堪称芬兰民族精神的象征。为纪念这位伟大的作曲家，芬兰人民在他去世后建造了西贝柳斯公园。"

　　九点半，西贝柳斯公园敞开大门，路易斯大叔一行人随着人群进

入公园。

粉红色的霞光自天际逐渐蔓延开来，天色越来越亮，太阳从地平线上慢慢探出头，像顽皮的孩子，一下一下往上拱；周围的景物渐渐清晰，多多和米娜屏住呼吸，静静地看着，这时的太阳像一个巨大的咸鸭蛋黄，黄里透红，温润柔和；突然，它像挣脱了什么束缚似的，猛地跳上天空，瞬间射出刺眼的金色光芒，让人不敢直视。

多多和米娜赶紧收回目光，四处打量起晨曦下的西贝柳斯公园。

公园的面积很大，白雪皑皑，高树林立，树木环绕的中心地带是一个广场，广场上矗立着一座巨大的不锈钢雕塑，许多游人正在和它合影。

"这是什么呀？"多多和米娜好奇地跑过去，抚摸着粗大的钢管。

　　"这是一座类似管钢琴形状的纪念碑。"路易斯大叔走过来，接着说，"它由600多根不锈钢钢管组成，出自芬兰女雕塑家希拉图兰之手。她仅用了一天的时间就完成了这个作品。这座纪念碑，历来被看成西贝柳斯公园的灵魂。宁静的夏夜，用心聆听，会听到它发出海浪般的吟唱呢！"

　　"真的吗？才用了一天！"多多很惊讶，忍不住用手指弹了弹不锈钢管，钢管发出低沉的"嗡嗡"声，像歌唱家在低吟。

　　"路易斯大叔，他是谁？"米娜绕到纪念碑旁边，指着不远处的头像雕塑问。

　　"哈，能出现在这里的人，当然是西贝柳斯喽！"多多跑了过来，一副"这还用问"的口气，米娜生气地白了他一眼。

"呵呵，这确实是西贝柳斯。"路易斯大叔充满敬佩地看着塑像。塑像由金属铜制成，坐落在红色岩石上，五官雕刻得栩栩如生。

"他好像很忧郁的样子，看，还皱着眉头呢！"米娜观察得很仔细。

"西贝柳斯是一位非常爱国的作曲家，他一直用实际行动和自己的作品与暴政抗争，直到生命终结。这座雕像奇特的表情让人产生很多联想，它的小型复制品已经被送到联合国大厦永久展出。"路易斯大叔感慨地说。

"每年夏季，赫尔辛基会举办为期7到10天的'西贝柳斯音乐节'，音乐会接二连三地召开，整个城市沉浸在欢乐的气氛中。"

"西贝柳斯公园更是成为音乐的海洋，各式各样的露天音乐会在这里举行，从早到晚，树木间、草地上，处处回荡着动人的歌声、乐声，像是公园在欢唱。"

"那么热闹呀！"两个孩子欢快地说，"夏天，我们要再来一次！"

# 音乐的力量

　　《芬兰颂》是芬兰伟大的爱国主义作曲家让·西贝柳斯的代表性作品，它曾对芬兰民族解放运动起过非常大的推动作用。这部作品产生于芬兰处于强国压迫下的时期，它深沉的旋律似乎在向全世界倾诉：芬兰有独立的民族意志和强大的斗争精神，它不是独裁统治下的附属国，而是独立的、自由的国度。

　　这首曲子很快传颂开来，向世界昭示了芬兰人民独立的决心和不屈的意志，所起的宣传效果胜过了无数小册子和报刊论文，因此，《芬兰颂》被誉为芬兰的"第二国歌"。

# 第3章

# 石中洞天

　　"快看，那里有好大一块石头！"走出西贝柳斯公园不远，多多指着前方惊叫。只见一块起伏不平的巨大岩石覆盖在地面上，这块岩石比周围的街道要高出很多。

　　"那是教堂。"路易斯大叔笑呵呵地说。

　　"不可能！"米娜摇摇头，不肯相信，"教堂有尖尖的屋顶、整齐的建筑，还有钟楼，怎么可能是一块石头呢？"

"哈哈，孩子们，你们再仔细看看，这是一座地下教堂呀！"路易斯大叔说，"这个教堂的名字叫作坦佩利奥基奥，因为它修建在一整块岩石中，所以人们形象地称它为'岩石教堂'。"

　　多多和米娜好奇极了，仔细观察起这块巨大的岩石。果然，岩石的最上面，有一个淡蓝色铜制圆形拱顶；在岩石的一侧，有一扇用钢筋水泥砌成的大门，像一个未经修饰的地堡，让人难以把它和教堂联系在一起。

　　进入教堂大门后，就是一条长长的隧道般的走廊，多多好奇地摸摸墙壁，喊道："这么粗糙，真的是岩石呢！"

　　走进双层大门，便是教堂的正厅了，米娜率先叫了起来："哇，像一个山洞。"

原来，教堂内部的景观同它的外表一样，保持着自然、古朴的风格，内壁上布满了钢钎凿过的痕迹。教堂的顶部是一个紫铜做的拱顶，由许多细细的铜箍缠绕而成；拱顶通过放射状的斜梁与岩壁连接在一起，梁柱与梁柱之间镶有透明玻璃，外部的光线透过玻璃挥洒而下，与教堂中的烛光交相辉映，如梦如幻。

"路易斯大叔，那些岩石不会掉下来吗？"米娜有些害怕地拉住路易斯大叔的手，指向教堂的内壁。梁柱下面的墙体由一块块松散的石块砌成，排列得杂乱无章，石块与石块之间的缝隙很大，好像随时都会有石头掉下来。

"不怕不怕，"路易斯大叔拍拍米娜的手安慰她，"那是开凿教堂时被炸碎的岩石，每一块石头都经过精挑细选，用心垒砌，绝对不会脱落。"

"看，这些碎石块从左到右，依次是红褐色、赭石

色、灰黑色，颜色深浅不一，与岩壁浑然一体，给教堂增添了丰富的原始色彩，既神秘又美丽。"

"岩石在滴水！"多多扑在岩壁上，聚精会神地看着岩石缝中渗出的水滴顺着岩壁流入地下排水槽，好奇地说，"还有'滴答''滴答'的声音呢。"

"举行音乐会时，这可是天然的伴奏乐哟。"一旁的教堂工作人员笑嘻嘻地告诉多多。

"这里也举行音乐会吗？"米娜在一旁好奇地接了一句。

"我们这里每周都会举办各种音乐会，也经常有音乐爱好者在这里用自己的乐器表演。"教堂工作人员非常骄傲地说道。突然，他把手指竖到嘴边："嘘——听！"

伴随着一阵悦耳的前奏，沉稳浑厚的低音和明快纯净的高音交替响起，丰富宏亮的乐声瞬间充满整个教堂大厅。多多和米娜四处张望，发现音乐声来自正厅左侧的岩壁，那里安装着一架巨型管风琴，风度翩翩的琴师正手脚并用，演奏着教堂音乐。游客们不由自主地停下脚步，静静地聆听这震撼心灵的声音。

乐声渐渐止歇，游客们仍沉浸在音乐制造的魔力中，没有人挪动脚步。多多和米娜惊讶地看着巨型管风琴，路易斯大叔轻声告诉他们："管风琴是一种构造复杂的乐器，管风琴师需要有高超的弹奏技能，才会奏出如此美妙的天籁之音。"

走到大门口，米娜留恋不舍地回头望了一眼古朴美丽的教堂，耳边似乎仍回旋着管风琴动人的旋律。

# 管风琴

　　管风琴是一种历史悠久的古老乐器，它的出现大约可以追溯到公元前250年。管风琴曾经是教堂或者大剧院的有机组成部分，并且与建筑浑然一体，其规格可大可小，通常视建筑本身规模大小而定。管风琴是乐器中构造最复杂、体积最庞大、造价最昂贵的乐器之一。它的主要发音装置是铜制或木制音管，不仅音量洪大，而且音色优美、庄重，最适宜演奏和声。

# 第4章

# 在红教堂看婚礼

"咦，教堂怎么是红色的呢？"米娜指着远处一座红色建筑说。

"路易斯大叔，米娜，你们看，它的顶端有好多金色的洋葱头！"多多又有了新发现，"1、2、3……好多！"

"呵呵，一共是13个'洋葱头'。"路易斯大叔一边走一边说，"这就是我们的下一站——乌斯别斯基大教堂。因为外墙是红色的，它又被称为'红教堂'。这座大教堂始建于1868年，算起来也是150多岁高龄了！"

说着，路易斯大叔一行人已经走到红教堂门外。红教堂坐落在一个小山坡上，外墙全部由红砖砌成，多多回头看看附近的建筑，又看看面前的红教堂，在心中默默比较了一会儿，若有所思地说："路易斯大叔，我发现周围的建筑都是浅色的，看起来简单明快，而教堂给

人的感觉非常华丽呢。"

"小伙子，观察得很细致嘛！"路易斯大叔赞许地拍拍多多的肩膀，"红教堂是典型的俄罗斯风格建筑，与赫尔辛基大多数建筑的芬兰风格大不一样哟！"

一进入教堂，大家就感觉到气氛很不一样，大厅中央的红色地毯两旁，聚集着喜气洋洋的当地人，一位身穿黑衣、肩上披着一件白色长袍的男子表情严肃地站在圣坛旁。路易斯大叔走上前去和一位当地人交谈了几句，居然也沾染了一脸喜气，回到多多和米娜身旁笑呵呵地宣布："孩子们，我们今天可以观看一场婚礼了！"

"哇——"米娜欢呼起来，"真的吗？太棒了！可以看到新娘了呢！"

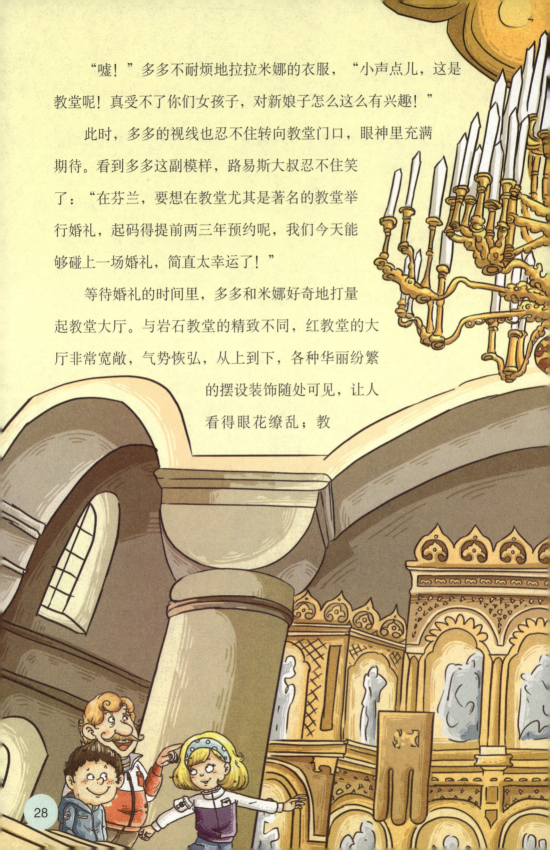

"嘘!"多多不耐烦地拉拉米娜的衣服,"小声点儿,这是教堂呢!真受不了你们女孩子,对新娘子怎么这么有兴趣!"

此时,多多的视线也忍不住转向教堂门口,眼神里充满期待。看到多多这副模样,路易斯大叔忍不住笑了:"在芬兰,要想在教堂尤其是著名的教堂举行婚礼,起码得提前两三年预约呢,我们今天能够碰上一场婚礼,简直太幸运了!"

等待婚礼的时间里,多多和米娜好奇地打量起教堂大厅。与岩石教堂的精致不同,红教堂的大厅非常宽敞,气势恢弘,从上到下,各种华丽纷繁的摆设装饰随处可见,让人看得眼花缭乱;教

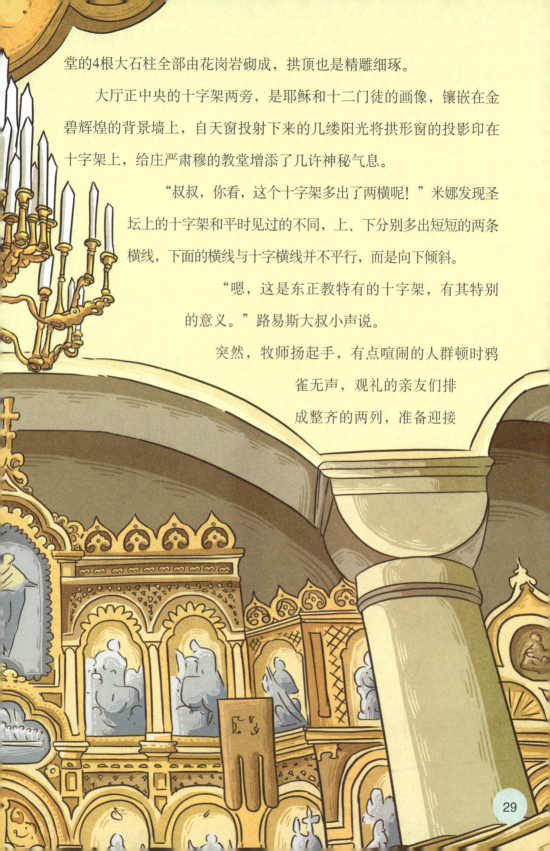

堂的4根大石柱全部由花岗岩砌成，拱顶也是精雕细琢。

大厅正中央的十字架两旁，是耶稣和十二门徒的画像，镶嵌在金碧辉煌的背景墙上，自天窗投射下来的几缕阳光将拱形窗的投影印在十字架上，给庄严肃穆的教堂增添了几许神秘气息。

"叔叔，你看，这个十字架多出了两横呢！"米娜发现圣坛上的十字架和平时见过的不同，上、下分别多出短短的两条横线，下面的横线与十字横线并不平行，而是向下倾斜。

"嗯，这是东正教特有的十字架，有其特别的意义。"路易斯大叔小声说。

突然，牧师扬起手，有点喧闹的人群顿时鸦雀无声，观礼的亲友们排成整齐的两列，准备迎接新郎新娘的到来，路易斯大叔一行三人和其他游客静静地站在队伍后面。

悠扬的乐声响起，在牧师和亲友们的注视下，新郎新娘手挽着手进入教堂。新娘穿着洁白的婚纱，新郎穿着庄重的西装，两个人一直走到牧师面前才停了下来。

米娜羡慕的眼光一直跟着美丽的新娘，牧师向两位新人宣读着婚礼证言，在每一段证言的停顿中，坐在教堂后方的演奏乐队会适时奏起动听的旋律，整个婚礼像是一场美妙的音乐会。最后，在牧师的祝福下，新郎新娘交换了戒指，婚礼结束。

观礼的亲友们爆发出热烈的掌声，走上前去，围住新郎新娘送上祝福。米娜感动得眼泪汪汪，使劲儿跟着鼓掌，巴掌都拍红了！

# 白教堂

　　进入芬兰湾，会看到两座明显高出普通建筑的建筑物，一红一白，遥遥相对，相映成趣。它们就是赫尔辛基的标志性建筑：红教堂和白教堂。

　　白教堂又称赫尔辛基大教堂，是典型的芬兰建筑，与俄罗斯风格的红教堂截然不同。白教堂从外到内，通体乳白，希腊神殿式的白色廊柱和醒目的青铜圆顶，为它倍增威严。从教堂前面的参议院广场到白教堂，需要登上百级石阶。冬季，石阶上满是积雪，愈发显得白教堂高高在上，圣洁庄严。每年，赫尔辛基大学神学院的毕业典礼都会在这里举行。

# 第5章

# 渔人码头的鱼

"叔叔，我饿了。"多多抚摸着肚子，可怜巴巴地看着路易斯大叔。

"我们去吃什么呢？"米娜的眼神充满期待。

"嗯，这个嘛……"路易斯大叔摸了摸他那把大胡子，欣赏着两个孩子馋猫似的表情，故意顿了一会儿才说，"我们去渔人码头吃鱼。"

"我最爱吃鱼了！"多多欢呼。

"渔人码头？是因为那里的鱼特别多吗？"米娜好奇地问。

"这个原因只占一小部分吧，"路易斯大叔一边搜索着记忆中的知识一边说，"渔人码头是指一个以渔村风情为概念的旅游景点，通常会有各种各样的饭店及酒吧，特色商店，海鲜市场等等，让游客从多方面体会传统的渔港。渔人码头起源于美国加州旧金山市，慢慢地，世界各地许多城市也开始设置这个景点。"

　　冬天的渔人码头并不冷清，每一张长椅上都有人坐着休息，或看报或捧着一杯热咖啡悠闲地观望大海，露天广场上散布着许多出售旅游品的小摊，很热闹，但并不杂乱。广场的任一角度，都可以看见蔚蓝的海湾，海风习习，让人心旷神怡。

　　路易斯大叔挑了一家人气旺盛的饭店走了进去。路易斯大叔一行人进来时，一桌靠窗的客人刚刚起身离去，米娜和多多兴高采烈地坐了下来，他们非常喜欢这个位置，可以一边品尝美食一边观赏街景。

　　"叔叔，那个房子门口还有士兵站岗呢。"米娜指着对面一座毫不起眼的建筑。建筑是一座普通大楼，和一般芬兰建筑并没有什么区别，但门口两位肩背冲锋枪、头戴白色头盔、身穿灰色军装的士兵昭显了此地的与众不同。

　　"哦，孩子们，可不要小看那座大楼，那可是芬兰的总统府呢！"路易斯大叔笑着说。

　　"芬兰的总统府虽然是国家的象征，却非常平民化，芬兰的前任总统塔里娅·哈洛宁就经常自己一个人去菜市场买菜。不过芬兰人民可不放心啦，他们多次强烈要求保护她的安全，总统只好顺应民意，配了一名保镖随行。"

"你们所看见的总统府现在只用作总统宴会聚集场所，新总统府离塞乌拉岛不远，建筑风格依旧十分朴素。门口有士兵站岗，说明这个时候总统正在府中，如果总统离开，哨位会空无一人。"

　　"那我们一会儿还有可能看见总统呢！"多多兴奋地说。

　　一阵奇异的香味转移了孩子们的注意力，侍者正把一道乳白色的汤品放在他们面前，上面漂浮着大块浅红色、纹路细腻的肉类，旁边还有浅绿色、不知名的小块水果点缀。

　　多多和米娜迫不及待地舀起一勺汤倒进嘴巴："嗯，好香！"狼吞虎咽地连吃几口后，多多才腾出嘴巴发问："路易斯大叔，这是什么？"

"这个呀，叫作三文鱼汤，是赫尔辛基的特色汤品。"路易斯大叔微笑着看着孩子们，"芬兰临近海湾，盛产三文鱼，在这里吃三文鱼，几乎都是刚刚宰杀好的，非常新鲜；三文鱼有五种吃法，可以做成三文鱼鱼生、三文鱼汤、煎三文鱼皮、腌三文鱼和煎三文鱼片等，非常美味。"

随着路易斯大叔的讲解，菜逐渐上齐了：一份黄油煎小白鱼，每一条约指头长短，裹着黑面糊；一小盆搭配着薄饼的鳕鱼子酱，混有酸乳和搅碎的洋葱末；一盘鳟鱼鱼生，薄得近乎透明的鱼片整齐地码在天蓝色碟子里，配有浅碧色芥末酱，像是一件艺术品。

两个孩子顾不上说话，埋头大吃起来，一边吃一边发出"啧啧"的赞叹声。过了一会儿，米娜放下刀叉，心满意足地摸摸肚子，叹了一口气："真好吃，我差点把舌头都吞进肚子里呢！"

　　看到米娜形容得这么夸张，路易斯大叔和多多一齐哈哈大笑起来。

## 第6章

# 没有硝烟的战堡

"叔叔,你看,那个岛多像一座堡垒呀!"品尝完美食,路易斯大叔带着孩子们回到渔人码头广场,多多一只手放在额头上搭起凉棚,另一只手指着远处的一个岛屿。

"小伙子,那是著名的芬兰堡,渡轮就快开了,去看看吧!"旁边一位中年伯伯用熟练的英语接口道,这位伯伯身形高大壮硕,脸颊通红,一看就是长期受到海风吹拂的结果。路易斯大叔与他攀谈起来,原来他的名字叫蒂莫,是渡轮的主人,每天往返于渔人码头和芬兰堡之间接送游客。

　　"蒂莫伯伯，芬兰堡是个什么地方呢？"渡轮上，多多看着越来越近的芬兰堡，好奇地问。

　　"芬兰堡是我们国家重要的军事海防要塞。"蒂莫船长谈起祖国的景点，神情很自豪，滔滔不绝，"小客人们，芬兰堡是从海上进入赫尔辛基的必经之地，至今已有200多年的历史了。它是由一位名叫奥科斯丁的瑞典籍炮兵军官设计的，城堡内还有教堂、军营、城门等古迹，都保存得十分完好。早在1991年，芬兰堡就被联合国教科文组织列入世界遗产保护名录了呢！"

　　"岛上还保存着很多博物馆，比如海岸炮台博物馆、维斯高潜艇博物馆、玩偶玩具博物馆等等，小客人们，你们可一定不要错过哟！"

　　"太棒了！"多多和米娜听到还有玩偶玩具博物馆，齐声欢呼起来，恨不得一步跨到芬兰堡。

"看，帝皇门！"渡轮缓缓驶近芬兰堡，岛上的景物已清晰可见，蒂莫船长指着不远处古朴雄伟的城墙说。

"蒂莫伯伯，这里为什么叫帝皇门呢？"米娜好奇地问。

"1752年，瑞典王视察芬兰堡工程进度时，船队曾在这里停泊。1753年至1754年，为了方便阅兵，就在同一个位置建造了帝皇门，现在，这里已经成为芬兰堡的象征了。"蒂莫船长笑着说，"好了，我的客人们，你们要下船了，如果有缘，等你们离开芬兰堡时，说不定还会登上我的渡轮呢！"

"蒂莫伯伯再见！"站在岸上，多多和米娜向远去的蒂莫船长挥着手，短短的时间内，他们之间已经建立起了宝贵的友谊。

穿过帝皇门，走过海军码头，路易斯大叔一行人来到芬兰堡的教

堂前，他们驻足观赏了一下教堂端庄秀丽的外观，又继续向前走。走到附近的一个小广场时，多多兴奋地跑了过去。

"哇！大炮！是真的大炮啊！"多多扑到一座铁链锁住的炮台旁，抚摸着炮口朝下的炮筒，激动得说不出话来。

"真不明白你们男孩子怎么对这些枪啊、炮啊这么感兴趣。"米娜笑着说。

"男人的事，你们女孩子懂什么！"多多气呼呼地顶了米娜一句。看着多多一本正经的表情，路易斯大叔和米娜笑得直不起腰来。

再往前走，多多又被炮台上的几座大型座炮迷住了，威风凛凛地站在大炮后面大喊："开炮！"

早就等在一旁的路易斯大叔及时按下快门，随着"咔嚓"一声，

小炮手多多被定格了。

　　一阵儿童的笑语声吸引了他们的注意，循声望去，原来在树木掩映之间，有一片圆形的空地，仔细一看，空地中间有沙池，有滑梯，还有木马和秋千，原来是一个儿童乐园！多多和米娜欢呼着跑了过去，一个跳上秋千，一个跨上木马，开心地玩了起来。路易斯大叔笑呵呵地站在一旁，听着孩子们清脆的笑声，感觉自己似乎年轻了许多。

　　多多几下用力，很快把秋千荡到最高点，突然，他大声叫起来："哇！玩具博物馆在那里！"

　　"小心！"路易斯大叔和米娜同时喊道，他们生怕多多一激动栽下来。

走进芬兰堡玩具博物馆，就像是进入了一个美丽的梦境。

玻璃橱窗内，陈列着上千件玩具，有木偶，有洋娃娃，还有泰迪熊等毛绒公仔；有的玩偶服饰古老陈旧，有的却依然光洁如新；各种各样的玩偶神态各异，栩栩如生，彼此依偎着，乖巧地看着游客们。

"它们在冲我笑呢！"米娜轻轻地用手抚摸橱窗，如醉如痴地呢喃着。

"叔叔，这里好像都是女孩子的玩具呢！"多多虽然震惊于玩具数量之多，做工之精美，但并没有米娜那么沉迷。

"呵呵，没错，这里的确大多是女孩子的玩具，因为，这个博物馆的创始人有一个女儿，在他为女儿买了第一件玩具后，就对古董玩

具产生了兴趣，开始收集各种玩具，最后创立了这座私人博物馆。"路易斯大叔笑着说。

"那他一定很爱他的女儿喽！"米娜回过神来。

"是啊。"路易斯大叔点点头，对米娜的话表示赞同，"这座充满童趣的博物馆凝聚了一位父亲对女儿满满的爱，与曾经硝烟弥漫的芬兰堡共存，是不是一个很有趣的对照呢？"

# 第7章

# 海的女儿

"是蒂莫伯伯！"码头上，路易斯大叔和两个孩子等待着返回赫尔辛基的渡轮，眼尖的多多一眼就看见了蒂莫船长，他正微笑着在渡轮上向孩子们招手呢。

渡轮靠了岸，多多一个箭步跳上船，和蒂莫船长来了个大大的拥抱："蒂莫伯伯，我们又见面了！"

"是啊，"蒂莫船长冲路易斯大叔微笑致意，一手拉着多多，一手拉着米娜，高兴地说，"我就说嘛，咱们有缘分，看，你们又坐上我的渡轮了吧！"

多多和米娜叽叽喳喳地说起在芬兰堡上的见闻，蒂莫船长耐心地倾听着，不时补充几句，引来孩子们崇拜的目光。

很快，渡轮又要靠岸了，看着孩子们依依不舍的目光，蒂莫船长笑着说："一会儿上了岸，伯伯给你们当一次导游，带你们去看'波罗的海的女儿'，好不好？"

"好！"孩子们欢呼起来。

渡轮在南码头靠岸了，蒂莫船长带着大家来到南码头广场。

午后两点的南码头广场非常热闹，一个个橘黄色的棚子下，各色摊贩兜售着货物，鲜鱼蔬菜、水果花卉、驯鹿皮毛……还有各种芬兰的手工艺品！人群熙熙攘攘，摊贩的叫卖声、讨价还价声混杂在一起，充满了浓郁的生活气息。

"这是一个市场呀？"多多纳闷地问。

"你向那边看嘛！"米娜笑嘻嘻地拍拍多多的手臂，指指广场中央。

只见广场中央有一个圆圆的喷水池，池边趴坐着四头海狮的雕

像，在喷水池的中心位置，矗立着一座少女的雕像。少女半侧着身子，微微仰起美丽的脸庞，左手羞涩地轻扶下巴，嘴角含笑，似乎在眺望远方，也似在默默沉思。

"这就是波罗的海的女儿——哈维斯·阿曼达。"蒂莫船长自豪地对孩子们讲解，"她是由著名设计师沃格伦设计铸造的，由青铜所制，象征着芬兰的新生。就在这座雕像落成的第九年，芬兰正式宣布独立，所以，我们芬兰人都把阿曼达亲切地唤作'波罗的海的女儿'。她成为了赫尔辛基的象征，因为她，赫尔辛基也有了'波罗的海的女儿'的称号。"

"哇，原来是这样哦！"米娜羡慕地看着美丽的阿曼达雕像矗立在四头海狮喷出的水帘中，宛如出水芙蓉，姿态优雅迷人。

"那位纯洁善良的人鱼公主，应该和阿曼达一样美丽吧，她们都是海的女儿呢！"米娜兴奋地说。她回忆起不久前看过的安徒生童话《海的女儿》，因为人鱼公主最后化为海上的泡沫，她还偷偷哭了一晚上呢。此时，她心中人鱼公主的形象和阿曼达重叠在一起，似乎善

良的人鱼公主又活过来，变成了眼前的阿曼达，娉
娉婷婷地站在这里，永远不会消失。

　　"这四只小海豹也很逼真哦。"多多对守护阿
曼达的四头海狮更感兴趣。

　　"哈哈，多多，你再仔细看看，这是海狮
哦。"路易斯大叔笑着纠正多多，"海豹的外耳壳
完全退化了，圆圆的脑袋上光秃秃的，而海狮虽然
耳壳很小，但并没有完全退化，仔细看就可以找
到呢。还有，海狮的面部和狮子的面部很像，有
的海狮颈部还长着鬃毛似的长毛呢！"

　　多多又仔细看看四头正在喷水的海狮，挠挠头小声说："它们真的是海狮耶，有小小的耳壳，也很像狮子，是我搞错了呢。"

　　蒂莫船长笑着拍拍多多的肩膀："这也难怪，海豹和海狮都有流线形的身躯，前胸有鳍，你不常在海边生活，分不出来也很正常嘛。"

　　"哈！就是嘛！"多多立即理直气壮起来，神气的样子逗得蒂莫船长和路易斯大叔一齐大笑起来。

# 大学生戴帽节

　　每年的4月30日，是芬兰大学生戴帽节。节日当天，赫尔辛基的大学生们都会赶到南码头广场，为哈维斯·阿曼达塑像举行戴帽仪式。不只是大学生，全体赫尔辛基人，无论老少，在这一天都会聚集于此，戴着各式各样，或艳丽或搞怪的个性帽子，欢庆戴帽节。下午，一架吊车会把几位大学生送到阿曼达身边，他们先用吊桶汲取喷水池中的清水，帮助阿曼达"沐浴"后，再由一位学生把芬兰大学生特有的白色帽子戴到阿曼达头上。与此同时，广场上欢声雷动，彩带齐舞，人们纷纷打开香槟畅饮，以示庆祝。

# 第8章

# 火车之旅

夜幕又早早降临了，街道两旁灯火通明，商店的橱窗里，装饰得五色缤纷的圣诞树和令人垂涎三尺的圣诞蛋糕格外醒目，似乎在提醒人们：圣诞节就要到了！

七彩的霓虹灯映着积雪尚存的青砖马路，像一个美丽的童话世

界。路易斯大叔一行人不紧不慢地向火车站走去，他们很快就要乘上开往罗瓦涅米的火车，向此行的第二个目的地进发。

"到了罗瓦涅米，会有圣诞老人来接我们吗？"米娜向手心哈了口气，用手贴住双耳，期待地问。

"圣诞老人来接你？米娜，你又做梦了！"多多不屑地说。

"这可说不定哦，罗瓦涅米的圣诞老人可不止一个，没准真能在火车站碰到呢！"路易斯大叔笑着说。

"哇！这就是芬兰的火车吗？好漂亮！"米娜开心地跑向火车。

火车的车身是深深浅浅的绿色，上面绘有形态各异的简

笔画，传神又可爱。

　　"芬兰火车的外观有着绿色插画，这些绿色插画都是由芬兰一位著名的插画师设计的，意在告诉人们，火车是绿色环保的出行方式。"路易斯大叔说。

　　"这里有三只天鹅，它们正飞过树林呢。"多多找到一组图案。

　　"这儿有两只猫头鹰，大大的眼睛，好萌哦！"米娜新奇地看着另一组图案。

　　"哈哈，走了，小猴子们，火车要出发喽！"路易斯大叔笑着提醒兴奋得忘形的孩子们。

　　上了火车，孩子们新奇地东看西看。"咦，过道两旁的椅子方向不一样呀！"多多惊叹。"坐垫是浅蓝色的，好漂亮！"米娜看到整

洁干净的座椅，非常喜欢。

火车出发了，多多和米娜向外看去，可惜夜色已浓，触目一片漆黑，什么都看不见。他们只好把目光投向车厢内，乘客不多，有的闭目养神，有的低头玩着手机，有的小声交谈……车内播放着轻柔的音乐，伴随着火车行进时轻微的"咔嚓"声，气氛温馨融洽。

多多和米娜很快坐不住了，借着去洗手间的机会，来来回回在每节车厢参观。回来后，多多向路易斯大叔报告了一个新发现："路易斯大叔，我发现好多人的手机都是诺基亚的呢！"

已经昏昏欲睡的路易斯大叔懒洋洋地抬起眼皮："这没什么奇怪的，诺基亚是芬兰的本土企业，它的总部就在离赫尔辛基不远的埃斯波。"

"真的吗？"孩子们来了精神，"诺基亚是芬兰的品牌呀！"

路易斯叔叔只好坐直身体，打起精神来满足孩子们旺盛的求知欲。

"你们知道吗？诺基亚公司在最初是以造纸为主，成为知名电子企业是一个偶然哦！"

　　"啊，这是怎么回事？叔叔快说嘛！"多多急切地追问。

　　"诺基亚的创始人叫艾德斯坦，他有一个合伙人叫米其林。19世纪末，在无线电产业刚刚萌芽的时候，米其林敏锐地发现这一新兴行业的潜力，想把诺基亚的业务扩张到电信行业，可一直得不到艾德斯坦的支持，直到20世纪初，艾德斯坦才同意让诺基亚增加了一个电信部门。

　　"两个人都没有想到，正是这一个决定，奠定了诺基亚集团电信的基础，诺基亚集团逐渐发展成为电信企业的龙头。全球通的首次对话，用的就是诺基亚手机呢！"

　　"一个小小的决定，竟然会导致以后翻天覆地的变化！"多多感慨地说。

　　刚听路易斯大叔讲述完没一会儿，两个孩子就感觉自己的眼皮越来越沉重，最后进入了甜甜的梦乡。

## 第9章

# 北方女皇

"火车到站喽！"路易斯大叔宏亮的嗓音把多多和米娜从睡梦中唤醒。两个孩子揉了下眼睛，拿起行李就向外冲去："圣诞老人，我们来了！"

"咦，天怎么还黑着？都快十一点了呀！"站在月台上，米娜抬头看看天色，又看看腕上的米奇手表，非常纳闷。

"笨米娜，别看了，罗瓦涅米在芬兰的北部，在冬季，它的白天当然比位于芬兰南部的赫尔辛基要短啦！"多多嘲笑着说。

　　"哎呀，人家不过是还没睡醒，没有想那么多啦！"米娜撅起小嘴，有点不好意思了。

　　"呵呵，多多也没有全说对，"路易斯大叔笑着接话，"罗瓦涅米的十二月和一月，完全没有白天哦！"

　　"哇，极夜！"孩子们大喊，兴奋得蹦了起来。

　　罗瓦涅米的街道非常整洁，到处都是与圣诞有关的主题：商场的橱窗里闪烁着圣诞彩灯，街旁的小商店摆着驯鹿皮、驯鹿角等纪念品；街角转弯处，头戴圣诞帽的商贩守着一口大锅，里面熬着不知名的香气四溢的粥品。

　　"是圣诞老人！圣诞老人来啦！"米娜激动地大喊。

　　只见一匹棕黄色的马拉着两只连在一起的雪橇从他们面前飞速跑过，前面的雪橇上，坐着一个胖胖的圣诞老人，后面的雪橇上放着几棵圣诞树。

"太快了，我还没来得及看清他的模样呢！"多多失望地嘟囔着。

"呵呵，别着急呀，我们现在就去圣诞老人村，在那里，你们还可以和圣诞老人合影呢！"路易斯大叔摸着他那把足以和圣诞老人媲美的大胡子，笑呵呵地说。

圣诞老人村位于罗瓦涅米以北的郊区，距市区仅有8千米的距离，有一辆公交车直达那里，巧的是公交车的编号也是"8"。

8路公交车上人很多，多多和米娜兴奋地扒着车窗向外看。市区渐渐远去，虽是极夜，天幕却并不是漆黑一片，而是墨蓝墨蓝的，隐隐透出瑰丽的光泽，借着这点光亮，可以清晰地看见白雪皑皑的旷野，间或有四季常青的松树群掠过。

"这是极光吗？"多多盯着天空，兴奋地问路易斯大叔。

"不，这不是极光，这是极夜的一种正常现象，中

午前后，天空会明亮一些，但是见不到太阳。极光通常在北极圈内才会看到，但也不是随时出现的哟。"路易斯大叔笑着说。

米娜回想起刚才在罗瓦涅米市区的匆忙景象，对路易斯大叔说："路易斯大叔，我觉得罗瓦涅米像是一个从书上走下来的圣诞仙境呢。"

路易斯大叔笑着说："很美对吗？罗瓦涅米号称芬兰的'北方女皇'，来到芬兰，不到罗瓦涅米，就像去中国不去北京一样，罗瓦涅米可是芬兰的标志性城市呢！"

"罗瓦涅米是芬兰北部拉普兰省的省会，这个省会很特殊，它是世界上唯一一个在北极圈上的省会哦！第二次世界大战期间，由于受到战火波及，罗瓦涅米曾遭受严重的破坏，战后，在芬兰著名

建筑师阿尔托的规划下，这座城市开始恢复重建。

"罗瓦涅米是联合国承认的圣诞老人的故乡，阿尔托在设计这座城市时，又参考驯鹿的形状绘出城市规划蓝图，所以，这座城市处处都能看见以圣诞故事为主题的设计，加上文化气息浓厚的现代元素，梦幻又美丽。"

看着多多和米娜专注的神情，路易斯大叔顿了一下，接着说："不过，等你们到了圣诞老人村，就知道什么才是真正的圣诞仙境了。"

# 驯鹿

　　驯鹿，又叫作角鹿，主要分布在欧亚和北美大陆北部。无论雌雄，驯鹿都顶着一对分叉繁复的鹿角，这对鹿角是驯鹿的重要标志。类似于候鸟秋天飞往南边，春天返回北方的习性，春、秋两季，驯鹿也会在南北之间做一次万米迁移。春季，驯鹿会离开过冬的亚北极地区，组成一支由雌鹿带头，雄鹿随行，幼鹿居中的队伍，向北迁移。迁移过程中，随着气候变暖，驯鹿逐渐脱去冬季的绒毛，这些绒毛脱落在路上，到了秋天，驯鹿则会沿着绒毛脱落的路线迁回南方。

## 第10章

# 圣诞老人微微笑

下了车，多多和米娜被眼前的美景"震"住了：一组覆盖着白雪的木制建筑静静地矗立在雪原之中，正门有尖尖的顶部，像一座童话城堡；所有建筑的窗户中，都透出昏黄的灯光，祥和温暖。

村落旁边有密密的树林，树林边上，有一个被木栅栏围起的驯鹿园。

"驯鹿呢？"米娜站在驯鹿园边，看着空空的鹿园，纳闷地问。

63

"鹿呀，都去给游客拉雪橇了。"

路易斯大叔笑着说，"这里的驯鹿在冬季是很忙的，只有在夏天，才有时间在鹿园里悠闲地四处游逛、歇息呢。"

路易斯大叔一边说一边带着孩子们向圣诞老人村走去。

"我们先去圣诞老人办公室吧！"路易斯大叔说。

"办公室？"多多好奇地问，"圣诞老人还要上班吗？"

"当然喽！"路易斯大叔习惯性地捻捻大胡子，告诉孩子们，"来到圣诞老人村，圣诞老人办公室是必游之地。在这里，游客们可以面对面地和圣诞老人接触，和他说话、合影、做游戏。既然叫做办公室，当然就是圣诞老人上班的地方喽！每天上午十点半，圣诞老人会准时坐在这里，等待来自世界各地的孩子们哦。"

说着，三人已经到了一座尖尖的木楼下，圣诞老人办公室就在这座木楼里。多多和米娜迫不及待地冲了进去。

"真的是圣诞老公公啊！"米娜捂住嘴，兴奋地尖叫起来。

圣诞老人办公室的布置更像是一个家，屋顶上点点彩灯闪烁，木板墙上挂着成串的铃铛，正对着大门的墙壁上挂着一幅木制的世界地图，地图的下面有一张大桌子，上面一边堆满了来自世界各地的小朋友寄给圣诞老人的信件，另一边摆放着圣诞老人还没寄出的回信。

温暖的壁炉边，圣诞老人正坐在他的橡木椅上，冲着孩子们颔首微笑，红红的大鼻头上面，架着一副圆圆的眼镜，浓密的白眉毛几乎盖住了整个镜片；鼻子下面，蓬松的白胡子弯弯曲曲，一直垂到腹部，一点儿也看不到他的嘴巴；红红的衣服裹在他圆滚滚的身躯上，映着壁炉里红红的炉火，让人倍

感亲切温暖。

　　米娜和多多激动地跑上前去，一左一右，拉住圣诞老人的手，叽叽喳喳地问东问西："圣诞老公公，你的驯鹿叫什么名字呀？""你每晚跑到世界各地送礼物累不累呀？""晚上会睡觉吗？""平时吃什么呀？"……

　　圣诞老人耐心地一一解答孩子们的问题，路易斯大叔走到地图下的桌子旁，好奇地捡起几封回信查看，发现回信的邮票部位，邮戳竟然是"圣诞老人"字样！路易斯大叔会心地微笑起来，他可以想象出收到回信的小朋友喜悦激动的表情。

　　"好了，小猴子们，别拉着圣诞公公不放了。"路易斯大叔笑

着走到圣诞老人面前，对多多和米娜说，"你们看，还有好多小朋友想和圣诞公公说话呢！"

多多和米娜这才依依不舍地松开圣诞老人的手，圣诞老人坐在椅子上，一边一个搂住他们，路易斯大叔站在圣诞老人后面，大家摆好姿势，很快和圣诞老人的合影拍成了！

不久，圣诞老人办公室的工作人员就把照片洗了出来，多多和米娜急忙凑上前去，突然，他俩指着路易斯大叔哈哈大笑起来。原来，路易斯大叔故意捧起大胡子，可比起圣诞老人的，简直是小巫见大巫啦！

# 圣诞老人的传说

圣诞老人是西方国家的神话人物，传说，他有12只不同名字的驯鹿，每到圣诞节前夕，他会背着大大的包裹，穿着红色的衣裳，驾驶着由12只驯鹿拉的雪橇，给孩子们的长筒袜装满礼物。为了不惊动孩子，他总是从烟囱爬进去，从壁炉里出来。传说中，圣诞老人和他的驯鹿就居住在芬兰拉普兰地区的耳朵山里，因为有"耳朵"，圣诞老人虽然远在北极，也能听到所有孩子的心声。一直精心呵护圣诞老人文化的芬兰根据传说，在北极圈上建起了圣诞老人村，成为世界公认的圣诞老人的故乡。

# 第11章

# 天天都是圣诞节

　　走出圣诞老人办公室，眼尖的多多发现对面有一幢尖顶小楼，游客进进出出，络绎不绝，非常热闹。他好奇地问路易斯大叔："路易斯大叔，那是什么地方呢？"

　　"那就是著名的圣诞老人邮局了，走，我们一起去看看吧！"

　　走进邮局，孩子们发现这里更像是一家礼品超市！充满童话色彩的邮票随处可见，往里走，一个原木色的木质屏风横列其中，屏风的上面镶着红色货架，上面摆放着式样繁多、风景优美的明信片；随处

可见的收纳箱里居住着萌态毕露的各种毛绒玩偶，可爱极了！孩子们这里摸摸，那里看看，新鲜感十足。

米娜抱着一个米奇布偶爱不释手，问路易斯大叔："是因为圣诞节快到了，这里才这么热闹吗？"

"嗯，这倒不是，"路易斯大叔笑着说，"在圣诞老人村，一年365天都有各地游客来这里观光，每一天都很热闹，可以说天天都是圣诞节哦！"

"好多人在写信呀！"米娜感觉很新奇，在家乡的邮局，她从来没有看到过这么多人同时写信。

"从这里发出的信件，都会盖上圣诞老人的邮戳，只要在圣诞

老人邮局登记上自己的地址，每年圣诞节，都会收到圣诞老人的祝福哦！除此之外，还可以预订有圣诞老人亲笔签名的信件，圣诞节时会准时寄到亲友手中呢！"路易斯大叔细心地给孩子们解释着。

"我要在写字台上给妈妈写封信！"米娜看见壁炉旁有一张四四方方的桌子，桌子旁边有几把椅子，很多游客都伏在桌子上面写着贺卡或信件。多多好奇地打量着壁炉上面的布告栏，发现上面挂着好多圣诞主题的简笔画，旁边的工作人员告诉他，这些都是世界各地的小朋友给圣诞老人寄来的。

米娜很快写好信，正准备往邮筒投递，她犯了难："路易斯大叔，多多，你们快来看，这里怎么有两个邮筒呀！"

原来，圣诞老人邮局的邮筒有两种颜色，如果把信投入红色的邮筒，那么，信件会被即时邮寄出去；黄色

邮筒就有点特殊了，投入其中的信件，会在圣诞节前寄出，这样收信的人就会在圣诞节收到这份祝福。

米娜偏着头想了想，把信投入了红色邮筒。

"这里还有一艘船，里面装着好多礼物呢！"多多又发现了新大陆。

"小伙子，这是许愿船啊，在这艘许愿船前许愿，圣诞节过后，愿望就能成真哦。"一位戴着火红圣诞帽的工作人员走过来，热情地对多多说。

多多和米娜赶紧站在船边，闭上眼睛，双手合十，许起了心愿。

# 美丽的圣诞梦

　　每到平安夜，孩子们都会把长筒袜挂在床头，带着对圣诞礼物的期待进入梦乡；第二天早晨，当孩子们发现长筒袜里装满圣诞礼物的那一时刻，心里会感到无限惊喜和快乐。当然，圣诞老人只是一个传说，孩子们长筒袜里的礼物是爸爸妈妈放进去的。但是，为了给孩子们保留一个美丽的梦境，爸爸妈妈仍然不遗余力地充当圣诞老人的角色。圣诞梦是美丽的，而支撑这份美丽的是一份更加美丽的爱。

# 第12章

# 北纬66度33分07秒

"咦，这是什么？"路易斯大叔一行人走出邮局不远，多多就发现整洁的方砖地面上，漆着一条粗粗的白线，上面标有"66°32′35″"的字样，和地图上标注的北极线北纬66°33′07″略有误差，这是圣诞老人村的真实纬度。

"这个呀，"路易斯大叔快步走过去，语气略略有点激动，"这是著名的北极线呀！这条线以北，就进入北极圈的范围了。"

"是吗？"多多和米娜也激动起来，学着其他游客的样子，在北极线上跳来跳去，一边跳一边喊："我进入北极了！"玩得不亦乐乎。

　　突然，米娜发现旁边的一位游客阿姨手里拿着一张纸质的证书，上面印着一只在冰天雪地里觅食的驯鹿，另外有森林、极光，图案有抽象派的绘画风格，还有类似中国的水墨山水画，意境优美。

　　游客阿姨发现米娜好奇的目光，主动把手里的证书递给米娜："这是北极圈证书，可以证明我们到过北极圈哦！"

　　"酷！"多多凑上前来，大声赞叹着，转头对路易斯大叔说，"叔叔，咱们也去开个证明吧。"

　　游客阿姨和路易斯大叔都笑了，游客阿姨笑着说："小朋友，这个证明可不是开具的，在那边的圣诞老人礼品店就能买到哟！"

　　两个孩子兴致勃勃地走进阿姨说的礼品店，发现这里除了驯鹿角、皮等纪念品外，确实有许多北极圈证书待售，上面印有不同国家的语言。多多挑了一张英语的证书，米娜则挑了一张汉语的证书。拿着证书，米娜轻轻念出证书上面的字："兹证明，米娜小姐已跨越位于芬兰拉普兰地区罗瓦涅米市的北极圈，准确位置为北纬66°33′07″，东经25°50′51″。仲夏时节，北极圈持续日照时间达720小时，进入了极昼。这里阳光明媚，气候温暖宜人，生活快乐。相反，黑暗的12月份，每天的日照时间仅数小时，进入了极夜。但极夜不只意味着黑暗，更体现了北极圈的安静、安详和假日气氛。"

　　念完后，米娜兴奋地把证书抱在胸前："我回去后可以和所有人说我到过北极圈了！"

# 第13章

## 滑雪

从圣诞老人村回来，多多和米娜买了不少纪念品，装满了一个大大的背包；路易斯大叔仅仅挑了一张驯鹿皮、一把芬兰刀和一个拉普兰人从前住宿用的帐篷。

坐上8路公交车返回罗瓦涅米时，已经是晚上七点了，前一天坐了一宿的火车，加上今天的旅程，孩子们觉得有点累，没有多余的精力观赏罗瓦涅米的夜景。一进酒店，他们就倒在床上呼呼大睡起来。

孩子们虽然睡了，路易斯大叔可没闲着，他把孩子们买的布偶、圣诞老人模

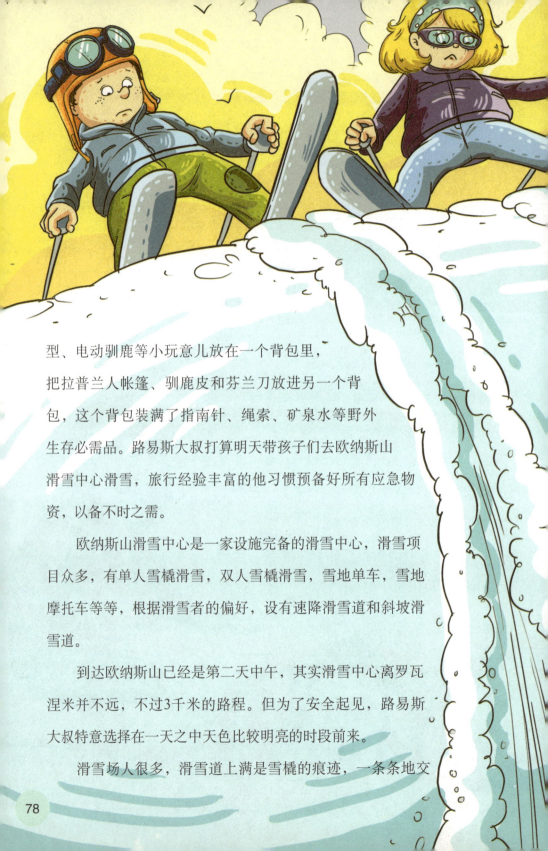

型、电动驯鹿等小玩意儿放在一个背包里，把拉普兰人帐篷、驯鹿皮和芬兰刀放进另一个背包，这个背包装满了指南针、绳索、矿泉水等野外生存必需品。路易斯大叔打算明天带孩子们去欧纳斯山滑雪中心滑雪，旅行经验丰富的他习惯预备好所有应急物资，以备不时之需。

欧纳斯山滑雪中心是一家设施完备的滑雪中心，滑雪项目众多，有单人雪橇滑雪，双人雪橇滑雪，雪地单车，雪地摩托车等等，根据滑雪者的偏好，设有速降滑雪道和斜坡滑雪道。

到达欧纳斯山已经是第二天中午，其实滑雪中心离罗瓦涅米并不远，不过3千米的路程。但为了安全起见，路易斯大叔特意选择在一天之中天色比较明亮的时段前来。

滑雪场人很多，滑雪道上满是雪橇的痕迹，一条条地交

　　错纵横。多多和米娜看着滑雪者在雪橇上熟练敏捷的动作，异常羡慕，吵着要尝试一把，不顾自己没有任何滑雪经验。路易斯大叔劝阻无效，只好陪着孩子们选择了单人雪橇项目，在教练和路易斯大叔的一再坚持下，多多和米娜不情不愿地来到斜坡滑雪道上，经过教练的简单讲解和小范围练习后，三人穿上滑雪装，登上滑雪靴，准备工作就绪。

　　"滑雪有什么难的？不就是踩着雪橇一下子溜下去，和溜滑梯一样呗！"多多嘟囔着，他想尝试速降滑雪道，被强力劝阻非常不满。

　　"嗯，大人们总是不放心，其实我们可以做得很好呀！我们先在这个雪道上露一手，就可以和路易斯大叔说，到速降雪道去玩了。"米娜安慰着多多，她的想法和多多一样，对斜坡滑雪道很不屑。

　　"准备好了吗？开始！"没等教练喊完，多多和米娜就挥动滑雪

杖，脚下使力，向下滑去。

随着下滑速度的增快，多多的耳边灌满了呼呼的风声，他沉浸在速度带来的快感中，丝毫没有听见教练和路易斯大叔的大声警告。

突然，多多发现雪橇不受控制地向滑雪道边的雪堆直冲，他试图扭转方向，却怎么也使不出力气，徒劳无功地挥舞雪杖，大喊着栽进雪堆里！

好在雪堆很松软，多多身上又穿着起防护缓冲作用的滑雪装，除了一身冷汗和一嘴雪外，并没有受伤。多多摘下滑雪镜，四处一望，不禁乐了：原来，米娜也栽进了不远处的一个雪堆里！

这时，教练和路易斯大叔熟练地滑过来，焦急地询问两个孩子的情况，得知两个孩子都安然无恙，他们才松了一口气。

路易斯大叔严肃地说："多多、米娜，你们真是太不小心了！一定没有按照刚才教练教你们的滑雪方法去做吧？！"多多和米娜对视了一眼，同时低下头，他们确实没有把教练的叮嘱放在心上，把滑雪想得太简单了！

看到孩子们自责惭愧的模样，路易斯大叔不忍心过于责备他们，请教练又教了他们一遍滑雪技巧，两个孩子可不敢不用心了！

这一回，掌握了滑雪技巧的多多和米娜，顺利地滑到雪道底端。他们又坐索道回到山顶，像两只鸟儿一样轻盈地滑下。初尝滑雪乐趣的孩子们用心滑着，越滑越熟练，一遍又一遍，乐此不疲。体会到滑雪不是件容易的事，他们谁也不再提尝试速降雪道的事了。

再一次回到山顶，满头大汗的多多看到路易斯大叔冲他们招手，于是，他和米娜走了过去："怎么了路易斯大叔？我们还没有玩够呢！"

"勇敢的小猴子们，滑累了吧？你们想不想体验一下骑雪地摩托的感觉呀？"路易斯大叔问。

"雪地摩托？"多多很疑惑，"在雪地上怎么骑摩托车呀，遍地是雪，一加油门不就滑倒了吗？"

"呵呵，走吧，你们去了就知道了！"路易斯大叔露出一副神秘的笑容。

　　"这不是碰碰车吗？"看到雪地摩托，米娜咯咯地笑起来。

　　多多凑上前一看，也跟着大笑："我看，这是连在一起的碰碰车嘛！"

　　原来，雪地摩托的形状圆圆的，像极了碰碰车，下面没有车轱辘，只有两根"雪橇"作为支撑。在停放处，很多辆雪地摩托车首尾相连，以便游客依次滑下。

　　路易斯大叔被孩子们丰富的想像力逗笑了："不管是碰碰车还是摩托车，系好安全带，我们出发吧！"

　　"等会儿，我先把眼镜摘掉，戴着很不舒服呢。"多多抬起手就要摘下滑雪镜。

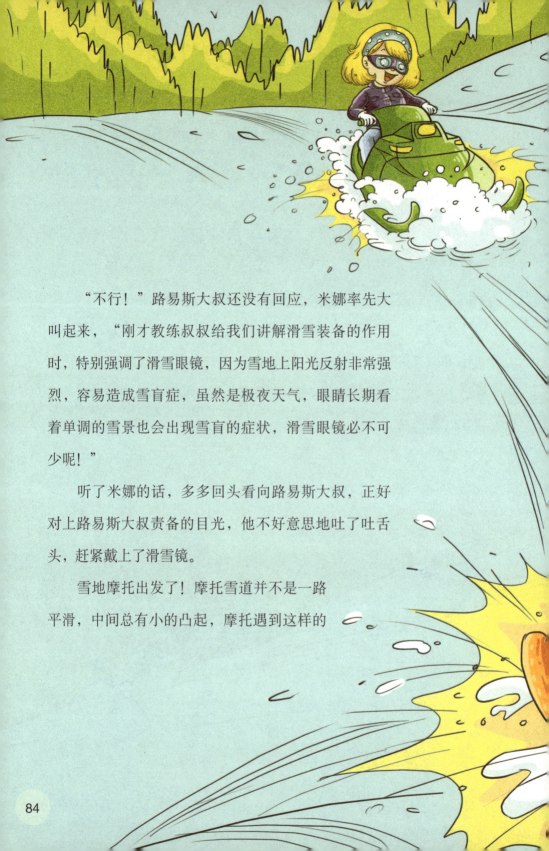

　　"不行！"路易斯大叔还没有回应，米娜率先大叫起来，"刚才教练叔叔给我们讲解滑雪装备的作用时，特别强调了滑雪眼镜，因为雪地上阳光反射非常强烈，容易造成雪盲症，虽然是极夜天气，眼睛长期看着单调的雪景也会出现雪盲的症状，滑雪眼镜必不可少呢！"

　　听了米娜的话，多多回头看向路易斯大叔，正好对上路易斯大叔责备的目光，他不好意思地吐了吐舌头，赶紧戴上了滑雪镜。

　　雪地摩托出发了！摩托雪道并不是一路平滑，中间总有小的凸起，摩托遇到这样的

凸起便会腾空而起，一段时间后再落到雪道上继续下滑。

每当摩托腾空时，多多和米娜总是忍不住大声尖叫，同时伸开双臂，享受飞翔的感觉。到达终点后，又返回山顶，反复玩了三遍才罢休。

回到酒店，多多和米娜意犹未尽地讨论着，最后把滑雪历程总结成一个字：爽！

# 滑雪运动

　　滑雪运动起源于斯堪的纳维亚国家，是一项难度较高、技巧性较强的竞技类运动，其中，高山滑雪、越野滑雪、自由式滑雪等项目已经成为世界级的比赛项目，在冬奥会中也占有一席之地。滑雪集娱乐、健身于一体，是冬季人们最喜爱的户外运动之一。由于滑雪运动对技巧性要求较高，所以，初学者必须在教练的陪同下尝试，不能擅自行动，以免发生危险。

# 第14章

# 平安夜的极光

"路易斯大叔，明天就是平安夜了，我们有什么安排吗？"米娜翻着日历，期待地看着路易斯大叔。

"平安夜嘛，当然要和圣诞老人、驯鹿一起过喽！"路易斯大叔故意卖起了关子，"那你们猜一下我们要去哪里呢？"

"是不是再去圣诞老人村？"多多试探性地问。

"答对了！"路易斯大叔对多多翘起了大拇指，"我们去坐驯鹿拉的雪橇，过一把圣诞老人瘾！"

"太好了！"孩子们欢呼起来。

　　米娜想象着自己头戴圣诞
帽、坐在驯鹿雪橇上面的场景，耳
边似乎传来驯鹿脖子上铃铛的叮当声，
她想着，笑着，慢慢进入了梦乡。

　　"好热闹哦！"多多和米娜惊叹道。圣诞老
人村外，聚集着许多来坐驯鹿雪橇的游客，大家身
穿鼓囊囊的大棉袄，头戴多毛耳帽，一副标准的雪地装
备。胖胖的圣诞老人笑容可掬地站在人群中，和人们交流驾驶
雪橇的心得。

　　路易斯大叔挑了一个比较宽大的雪橇，能够容下路易斯大叔
他们三人。雪橇是木制的，上面有简易的椅子，像一个大大的黄
色竹篮。工作人员牵来两只驯鹿，等三人在雪橇上坐好后，把驯
鹿套在了雪橇前方。

　　"路易斯大叔、多多，你们看，驯鹿的尾巴好短哦，毛绒绒
的，好可爱！"米娜新奇地探出身子，想要摸摸驯鹿的尾巴。

　　"快坐下！"路易斯大叔连忙拉住米娜，与此同时，驯鹿打了个响鼻，向前冲去。

"哎哟！"米娜惯性地向后一仰，再也不敢乱动了。

圣诞老人村外，是广袤的平原和一眼望不到尽头的密林。驯鹿在原野上飞快地奔驰，雪橇与雪面快速摩擦，溅起大量雪花。不同于米娜的左挡右避，多多对迎面而来的雪雾毫不躲闪，任凭雪花飞入脖领、发际。

"我——"多多刚想说话，迎面而来的劲风卷起一团飞雪，毫不留情地灌进他的嘴里，把他要说的话噎了回去。多多只好安安静静地

坐好，欣赏周围风驰电掣般后退的景物，以及不时出现的超过他们或被他们超过的游客。多多发现，有的游客和他们一样，乘坐着驯鹿雪橇，可有的游客的雪橇前面，却跑着几只威风凛凛的大狗！

突然，遥远的天际，本来深蓝色的天空露出一小片紫红，瞬时间，这片紫红蔓延开来，像有生命一样，充满活力地旋转着、扭动着，呈放射状向四面八方爆发，似闪电，却比闪电灵动；似长蛇，又比长蛇多彩，把天空裂分为无数块，炫动着人们的眼球。

同样是一瞬间，还没等人们从它的华丽登场中回过神来，天幕又恢复了幽幽的深蓝，似乎刚才的

炫丽景象从没出现过。前后也就是几分钟的工夫，如同节日的烟花，瞬间美丽后，归于平淡。

路易斯大叔和两个孩子都惊呆了，连驯鹿已经跑回起点，停了下来都浑然未觉。不只是他们，几乎所有游客都愣愣地仰望天际，还有一些人不停地揉着眼睛，好像在确认自己刚才看到的不是梦境。

"极光！"不知谁先喊了一句，游客们沸腾了！刚刚走下雪橇的路易斯大叔他们三人也跟着大家欢呼起来，拥抱在一起。要知道，极光并不是每时每刻都会出现的，有的人不眠不休地等了好几天都无缘目睹，大家都觉得，在平安夜能够看到极光，是老天送给他们最好的圣诞礼物了！

# 极光

　　极光，简单地讲，就是一种发光现象。极光色彩绚丽，形态多样，变幻莫测，有的只出现几秒就消失无踪，有的却能坚持几个小时。出现在南极的极光称为南极光，出现在北极的极光则被称为北极光。

# 第15章

## 被狗狗带进原始森林

从见到极光的激动中平复下来，米娜走到为他们拉雪橇的两只驯鹿前，小心翼翼地摸了摸驯鹿的脸，轻柔地对它们说："你们辛苦了！"两只驯鹿像听懂了似的，友善地蹭蹭米娜的手，鹿角随着头部的动作轻轻摆动，像是一棵小树在风中摇摆，美丽别致。

"哈！我感觉像在腾云驾雾，真过瘾！"多多大声说着自己的感受。

"圣诞老人也好辛苦哦！"经过亲身体验，米娜发现，圣诞老人一整晚都坐着驯鹿雪橇挨家挨户送礼物，一点儿也不轻松！

　　"路易斯大叔，我要坐狗拉雪橇！"多多对狗拉雪橇念念不忘，他觉得大狗要比驯鹿威风多了！

　　"狗狗看起来好凶哦！"米娜有些畏惧地看着威风凛凛的雪橇犬，躲到了路易斯大叔身后。

　　"别怕，别怕，"路易斯大叔拍拍米娜的头，轻声安慰她，"这是阿拉斯加犬，是生活在北极圈的人们必不可少的朋友哦！"

　　"嗨！大块头！"多多走近雪橇犬，友善地打起招呼。

　　"阿拉斯加犬又叫爱斯基摩犬，很久很久以前，就和爱斯基摩人共同生活在北极圈内的这片土地上，帮助人们拉雪橇运送货物，是人

们的好帮手。阿拉斯加犬性格固执忠诚，在主人遇到危险时，会奋不顾身地全力营救。在美国，拉雪橇比赛一度很流行，比赛中，有过许多阿拉斯加犬救主人脱离险境的事例。"路易斯大叔给孩子们讲起了阿拉斯加犬的历史，"所以，你们别看它的块头大，它的内心可是十分细腻温柔哦！"

路易斯大叔他们三人选定的这组阿拉斯加犬一共有八只，同属于一位主人，它们的主人是一位老人，名叫卡尔沃宁，是土生土长的爱斯基摩人。

卡尔沃宁谨慎地叮嘱路易斯大叔，阿拉斯加犬的速度比驯鹿快几倍，提醒他们一定要万分小心。说完后，卡尔沃宁又走到狗队最前面，一边爱抚套在最前面的那只阿拉斯加犬，一边对路易斯大叔说：

"它的名字叫作'雪狼'，是这个犬队的头犬，有紧急情况的时候，只要拉一下缰绳，它就会感知你的意图，指挥其他伙伴停下来。"

路易斯大叔慎重地点着头，表示都记住了。于是，他们再一次坐上雪橇，随着卡尔沃宁的一声唿哨，八只阿拉斯加犬矫健地向前奔去。

果然，阿拉斯加犬的速度比驯鹿要快上许多，它们拉着雪橇奔驰在原始森林的边缘，皮毛下，结实的肌肉随着奔跑的动作隐隐鼓动，充满了力的美感。

有了上回的经验，这一次，多多把脸埋在路易斯大叔的大衣里，大声问："路易斯大叔，为什么狗狗要排成左右两排来拉雪橇，而不是排成一条直线呢？"

"那是为了保持雪橇的平衡！"米娜用手套捂住嘴，凑近多多的

耳边大声喊。

路易斯大叔点点头，冲米娜翘起大拇指，多多不服气地白了米娜一眼。

这时，犬队放慢了速度，停了下来，喉咙里发出低哑的咆哮，冲着一棵高大的云杉树跃跃欲试。路易斯大叔和孩子们向那棵大树看去，起初并没有发现什么异样，仔细一看，树后居然露出乌溜溜的一对眼睛！

"白狐狸！白色的狐狸！"米娜率先惊叫起来。原来，隐在树后的是一只通体洁白的狐狸，它看见了犬队和人类，却没有一点儿害怕的样子，静静地与犬队对视。

　　"这是雪狐！是北极圈内的特有品种！"路易斯大叔毫不掩饰语气中的激动，以他多年的旅行经验，知道雪狐狡猾，有神出鬼没的习性，哪怕是特意寻访，也很难见到雪狐一面，没想到居然被他们无意中碰上了。

　　"狗狗们！抓住它！"多多用这几天学来的芬兰语兴奋地大喊。他幻想自己是个带着猎狗狩猎的猎人，只要一声令下，猎狗就会抓住他想要的猎物。

　　"多多，不行！"路易斯大叔想阻止已经来不及了，阿拉斯加犬非常听话，如果没有主人的授意，即使看见猎物，它们也不会主动出击。可糟糕的是，多多居然发出了号令！

"啊——"犬队猛然向雪狐冲去，米娜猝不及防，重重地仰在椅背上，幸好她戴着厚厚的帽子，才没有被磕得太过疼痛。

"停下，快停下！"眼看犬队追逐着雪狐向密林深处跑去，路易斯大叔大喊着，可迎面而来的劲风立即把他的声音吹得支离破碎，还灌了他一嘴雪！

雪狐在前面矫健地跑着，要不是有周围松树灰褐色树干的映衬，真分辨不出哪里是雪，哪里是狐。

阿拉斯加犬们越跑越快，雪橇两旁的景物飞速地向后退去，像电

影中的快进镜头。米娜看得头晕眼花，只好闭上眼睛。多多兴奋地挥动拳头，满心想着追上那只雪狐后的情景。路易斯大叔眉头紧皱，想着对策。

突然，路易斯大叔想起卡尔沃宁老人说过，只要拉一拉缰绳，犬队的头犬"雪狼"就会感知人类的意图，停下雪橇。

想到这里，路易斯大叔赶紧握住缰绳，一下、两下，用力又有节奏地拉着。果然，犬队最前面，那只通体雪白的"雪狼"放慢了脚步，发出威严的咆哮声，可其余的几只阿拉斯加犬似乎被前面的雪狐引发了野性，竟然毫不理会头犬的命令，继续向前追去。

　　"雪狼"似乎发怒了，硕大的身体对准旁边的同伴撞了过去，把正跑在它的旁边、同样壮硕的同伴撞了一个跟头！两只阿拉斯加犬放慢了脚步，可另外四只并不理会，依然向前跑去。

　　这样一来，同一条缰绳上的犬队，有的停下，有的奔跑，雪橇一下子失去了平衡，开始左右摇晃起来。

　　"Oh, No!"多多大叫！与此同时，雪橇向旁边飞去，撞上一棵大松树，在冲力作用下，三人被甩了出来，好在地上都是厚厚的积雪，三人滚了几圈就爬起来了，丝毫没有受伤。

　　雪橇与松树的撞击声惊动了犬队，所有的阿拉斯加犬都停下来，似乎终于记起了自己的职责。"雪狼"飞奔到路易斯大叔和多多、米娜的身边，东闻闻西嗅嗅，确定三人没有受伤后，趴了下来，把头搁在路易斯大叔的脚上，喉咙里发出一声长长的呜咽，像是在表达自己的歉意。其余七只阿拉斯加犬也都围上来，像做错了事的孩子似的，静静地立在一旁，而那只闯祸的雪狐早已不知所踪。

　　"不怪你们啦，都是我的错！"惊魂初定的多多上前抱住"雪狼"的脖子，安慰它说。

　　"我们怎么回去呢？"米娜看着被撞坏的雪橇，提出一个再现实不过的问题。

　　路易斯大叔四下打量，发现他们已经来到了密林深处，无论向哪个方向望去，都是密密麻麻的树木，看不到尽头。

　　"我们恐怕迷路了！"路易斯大叔无奈地摊开双手，向孩子们宣布。

# 雪狐

　　雪狐，又称为北极狐，也称白狐、蓝狐。顾名思义，这种狐全身的皮毛就像雪一样洁白，如果伏在雪地不动，很难把它和周围的白雪区分开来。雪狐的身躯圆圆的，耳朵和鼻子小小的，乌溜溜的圆眼珠和漆黑鼻头镶嵌在雪白的面部，非常可爱。为什么夏天看不到雪狐呢？这是因为，雪狐在夏天并不是白色，而是呈现棕色或灰色，只有到了冬天，毛色才会变成全白的。雪狐的白色皮毛也是一种保护色呢！雪狐为什么又叫蓝狐呢？由于基因突变，有些雪狐的后代，皮毛会呈现微微的蓝色光泽，这种蓝狐可是非常稀有哦！

# 第16章

# 雪下奇观

　　"现在我们怎么办呢？"米娜听了路易斯大叔的话，着急得哭了起来。这时，"雪狼"走到米娜身边，叼起米娜的衣角，拽了一下，又拽了一下。路易斯大叔也走过来，拍拍"雪狼"的头："我的朋友，你有什么好办法吗？"

　　只见"雪狼"又走回犬队，对着其余七只阿拉斯加犬低低地吼着，似乎在叮嘱着什么。七只犬依次走过来，嗅了嗅路易斯大叔和多多、米娜

的衣角，然后转身向来路跑去，速度越来越快，转眼就不见了踪影。

"雪狼"目送着同伴们远去，回过身来，蹲坐在米娜身旁，轻轻依偎着米娜，似乎在安慰她。

"放心吧，孩子们，"路易斯大叔一手一个搭住多多和米娜的肩膀，"'雪狼'已经做好了安排，它让同伴们去报信，很快就会有人来找我们了！"

"你真棒！是当将军的材料！"多多高兴地搂住"雪狼"的脖子，对准它冰凉的鼻头亲了一口。"雪狼"被夸得有些不好意思了，站起身来，抖了抖长毛上的雪，走到一旁。

知道会有人来搭救，多多和米娜定下心来，开始四处打量。森林生长着许多长青的松树，厚厚的积雪压在苍绿的针叶上，形态各异，

像一件件美丽的工艺品。多多拿出相机，指挥雪狼摆好姿势，大拍特拍起来。

路易斯大叔则走到被撞坏的雪橇旁边，研究它有多少修好的可能性。

突然，"咕噜"一声响起，紧接着，又是"咕噜"一声，在静谧的冬季森林里，声音格外清晰。大家循着声音，把目光投向了米娜，米娜不好意思地红了脸，捂着肚子小声说："人家饿了嘛。"

经米娜这么一说，路易斯大叔和多多也有了饥饿的感觉，路易斯大叔翻了翻背包，说："让我来看看，嗯，还有两条黑面包，我们大家分着吃可以勉强充饥，矿泉水已经冻住，恐怕只能吃雪解渴了。不过，'雪狼'吃什么呢？"

似乎听懂了路易斯大叔的话，"雪狼"围着雪地嗅来嗅

去，似乎在找寻着什么。忽然，"雪狼"欢叫一声，用两只前爪迅速挖掘起雪面。

路易斯大叔和多多、米娜好奇地凑了过去，只见"雪狼"全神贯注地刨挖着，不一会儿，雪地上就出现了一个深深的坑洞，"雪狼"把头埋进挖开的雪坑深深嗅着，突然，它高高跳起，对准挖开的深坑，重重地跳了下去。

"吱……吱……"大家听到洞内传来微弱的声音，"雪狼"一口一个，从洞里叼出一只又一只圆圆胖胖、像松鼠又像老鼠、长着土黄色皮毛的小动物。它们都被"雪狼"咬断了咽喉，整齐地排列在雪地上。

"一、二、三……七、八！"一共有八只呢！多多替"雪狼"查着数。

路易斯大叔蹲下来，仔细观察了一番，告诉孩子们："这是旅鼠，常年居住在北极，繁殖能力很强，一年可生七八胎，一胎足足有十几只！旅鼠肉质细腻，是猫头鹰、海鸥、雪鹗、北极狐、北极熊等动物的美味佳肴。"

"雪狼"围绕战利品转了一圈，并不急于享用，而是先叼起一只旅鼠放在了米娜身边，米娜赶紧跳开，笑着躲到路易斯大叔后面："'雪狼'，谢谢你，不过我不吃这个东西哦！"

"我倒觉得，可以烤熟了吃。"多多饶有兴味地看着旅鼠，认真地说。

"多多！你要是敢吃，我永远也不要和你说话了！"米娜急了。

"哈哈，我逗你的！"多多笑了起来，拍拍"雪狼"的头，"快去享用你的美食吧！"

　　"雪狼"冲三人摇摇尾巴，又向旁边一棵大树奔了过去。

　　"它还要找什么呢？"米娜好奇地问，路易斯大叔和多多都摇摇头表示不知道。

　　不一会儿，在"雪狼"的利爪下，松树下面很快又出现了一个大洞，这回却不见"雪狼"有什么进一步的动作，它回过头来，对着三人轻轻地哼叫。

　　路易斯大叔三人好奇地跑过去，多多探头一看，惊喜地叫起来："好多果子啊！"

　　米娜小心翼翼地把果子一一捧了出来，路易斯大叔逐个拿起，细细辨别。

　　"这个深蓝色的小圆果，是蓝浆果；红色的小果子，是红浆果；黑黑的像串小葡萄？嗯，应该是黑加仑；粉红色的果子，上面有小刺突，这是什么呢？对了，这是野草莓！"

　　"哇，雪地下怎么会有这么多果子呢？"多多的好奇心又膨胀了起来。看到三人把果子拿出来，雪狼走回旅鼠旁边，大口大口地享用起来。

　　"据我猜测，"路易斯大叔一边思考一边讲述着，"这应该是松鼠或旅鼠之类的小动物，为了过冬储备的粮食。"

　　"每年8月份，芬兰的森林里都会结出许许多多野生浆果，有的浆果被人们采去，有的则成为小动物们的美食。小动物们很聪明哦，它们学习人类储存果子的方法，在地上挖一个深深的洞，类似人类的地窖，然后把果子密密实实地放在里面，再盖上泥土。'地窖'里不通风，空气稀薄，果子就能长期保存了。"

"芬兰的冬季来得很早，每年10月份就开始下雪，大雪覆盖在地面上，'地窖'里的果子又多了一个天然的'冷库'，所以，我们手里拿的这些果子看起来都非常新鲜。"

　　"原来是这样啊！"多多恍然大悟，"那得多谢'雪狼'，要不是它，我们也发现不了这些果子呀！"

　　"'雪狼'知道我们不吃旅鼠，给我们找了食物！"米娜边说边挑了一个蓝浆果放进嘴里，经过半个冬季储存的果子早已退去初熟时的涩味，清甜芬芳，米娜对它们赞不绝口。

　　多多感激地看了看狼吞虎咽的"雪狼"，又看了一下周围，地上除了"雪狼"刨出的两个大洞，依然是白茫茫一片，整齐干净，可有谁知道，这雪下藏了多少秘密呢？

# 第17章

# 冰雪城堡

"在芬兰，有一座城堡，这座城堡一年只出现一次，每次都不相同……"路易斯大叔带着孩子们坐上去往位于罗瓦涅米西南方向、芬兰西部城市凯米的客车，车上，他对两个孩子娓娓讲述着。

"路易斯大叔，你在讲故事吗？"听着听着，米娜"扑哧"一声笑出来。

"路易斯大叔在给你们介绍我们下一个目的地呀！"路易斯大叔一脸无辜地对米娜说。

"怎么可能有这样的地方嘛！"多多也笑起来。

"你们不信？"路易斯大叔挑挑眉，"那我可什么都不说了哦！"

"好啦，我们信！"多多懒洋洋地说，"反正你接下来一定会说……"

"我们到了就知道了！"多多和米娜异口同声地说。

"哇！白色的城堡！不对，全是冰做的，是冰做的哦！"下了车，一座气势恢弘的城堡耸立在游客面前，多多发现整座城堡居然全由冰雪雕成，惊呼起来。

"我知道了！"米娜拍拍手，恍然大悟地说，"路易斯大叔说的城堡就是指这座冰雪城堡，一到夏天，冰雪融化，城堡当然不存在了；等到冬天，人们又把它建造起来！"

"米娜说的没错，叔叔刚才说的地方就是指这里！"路易斯大叔笑着说。

城堡的外墙全部由厚厚的冰雪垒成，城门外，和普通城堡一样设有吊桥。吊桥旁边，立着两个不怕风吹的火把，摇曳的火光映在城墙上，呈现出莹莹的绿光，给城堡增添了些许神秘。

"我们今晚要住在这里。"路易斯大叔宣布。

"啊？"孩子们大吃一惊，看到路易斯大叔率先走入城堡，两个孩子对视了一眼，满腹疑问地跟了上去。

"冰床？嗯，路易斯大叔，我承认它很漂亮，可问题是能睡人吗？"冰雪酒店内，多多盯着晶莹剔透、方方正正的冰床，目瞪口呆。

"呵呵，你以为呢？"路

易斯大叔一边说，一边倒头躺在旁边铺满厚厚毛皮的冰床上，"我累了，先睡了啊。"

多多和米娜小心翼翼地坐在床边，好一会儿，确认屁股底下并没有传来凉意，米娜也躺了上去。

"嘻，真暖和！我也要睡了。"米娜说完，也闭上了眼睛。

多多咬咬牙，躺了下来，头还没挨着枕头，"蹭"地一下又坐了起来，用手使劲摁了摁身下的毛皮，确定很温暖，很厚实，再度小心翼翼地躺下来。毛皮暖融融的，多多渐渐放松下来，连日来的疲惫和惊吓，使他感到非常困倦，不知不觉中进入了梦乡。

第二天，多多睁开眼睛，看到冰雪做的天花板，猛然想起了自己身下是一张冰床，一骨碌爬起来，掀起毛皮褥子检查起来。

"你在干什么，多多？"米娜被多多的动作弄得摸不着头脑。

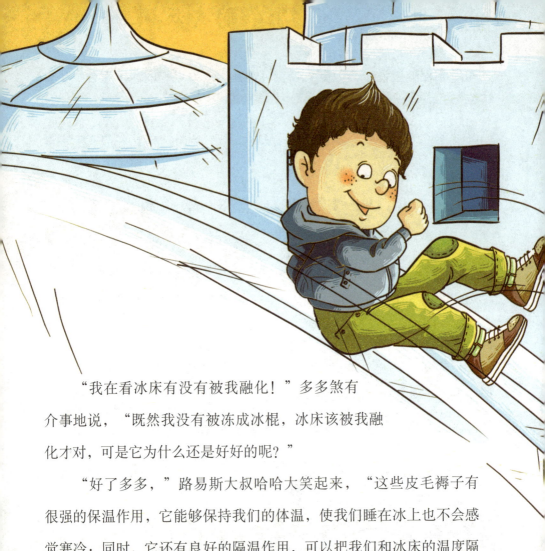

　　"我在看冰床有没有被我融化！"多多煞有
介事地说，"既然我没有被冻成冰棍，冰床该被我融
化才对，可是它为什么还是好好的呢？"

　　"好了多多，"路易斯大叔哈哈大笑起来，"这些皮毛褥子有
很强的保温作用，它能够保持我们的体温，使我们睡在冰上也不会感
觉寒冷；同时，它还有良好的隔温作用，可以把我们和冰床的温度隔
开，让冰床不会因为我们的体温融化。"

　　"叔叔，你昨天晚上干吗不说啊，害我担心了好半天！"多多挠
挠头，不好意思地笑了。

　　"冰滑梯，我要玩！"多多跑了过去。

　　"还有冰迷宫呢，我也去！"米娜也跑了过去。

　　路易斯大叔无奈地摇摇头，幸好冰滑梯和冰迷宫离得不远，要
不，他还真想象不出自己怎样同时照顾两个孩子。

"这里怎么停着这么多雪橇呀？"直到玩得尽兴，多多和米娜才跑回路易斯大叔身边，一起向其他景点走去。走过一条长廊时，他们发现转角处停了许多雪橇。

这时，耳边传来音乐声，多多和米娜惊异地发现，这个旋律非常耳熟。是什么呢？他们苦苦思索着。

"不是森林民谣，森林民谣没有这么欢快。"米娜继续回想。

"我知道了！"多多先想起来，"是我们在赫尔辛基红教堂里听到的结婚进行曲！"

难道冰雪城堡内也有教堂吗？带着疑问，孩子们拽着路易斯大叔快速穿过长廊。

转过长廊，一座简易的、外表看起来像一个三角帐篷的"雪洞"出现在三人面前。"雪洞"很小，一眼就能望到头，只见里面有冰雕的十字架、圣坛、烛台，还有几排铺着毛皮褥子的冰椅，上面坐着十几对等着宣誓的新人。真的是一座教堂！

"这就是冰雪城堡内的冰教堂了。"路易斯大叔对孩子们解释着，"芬兰人相信，在冰教堂举行婚礼，可以代表爱情的纯洁和专一。所以，每年都有不少人乘坐雪橇，专程到冰教堂来举行婚礼。"

"好浪漫哦！"米娜觉得冰教堂虽然简陋，可在这里举行的婚礼比在正规大教堂里更加好看，也更加令人感动。